MW01676952

El mejor lugar de todos

por Gloria Dominic • ilustrado por John Magine

Scott Foresman

Oficinas editoriales: Glenview, Illinois • New York, New York
Ventas: Reading, Massachusetts • Duluth, Georgia
Glenview, Illinois • Carrollton, Texas • Menlo Park, California

En su sueño, Juan veía un hermoso atardecer. El agua de la piscina le acariciaba los dedos de los pies. Juan tenía una bebida helada en la mano. Iba a beber un poco cuando de pronto: *¡riiiiiiiing!*

¿Qué era ese ruido? El sueño se desvaneció. Juan alargó la mano y apagó el despertador.

—Buenos días, Fito —le dijo a su perrito—. ¿A dónde se fue mi lindo atardecer?

Juan salió de la cama. Le acarició las orejas al perro. Como todos los días, se alistó para ir al trabajo. Trabajaba en la estación de autobuses.

Se afeitó y se vistió cuidadosamente. También preparó el desayuno. Puso la mitad de su comida en el tazón de Fito. Después Juan preparó una botella de su té favorito. Lo bebería después.

—Vamos —le dijo a su perro. Fito movió el rabo y trotó al lado de Juan.

Los dos se apresuraron para llegar al trabajo. Había mucho tráfico. Juan y Fito se abrieron camino sin problemas por la avenida que llevaba a la oficina de correo. Después de enviar algunas cartas, caminaron hacia la estación de autobuses.

Juan abrió el mostrador donde se vendían los boletos. Colocó un letrero sobre el mostrador. En el letrero había una etiqueta que decía "ABIERTO". Juan estaba listo para otro día de trabajo.

A Juan le gustaba su trabajo. Y lo hacía muy bien. Juan se sabía todos los horarios. También conocía la mejor manera en que un viajero podía ir de un lugar a otro. Juan le sonreía a los niños que caminaban a la escuela.

—Buenos días, Juan —le decían.

—Buenos días —respondía Juan.

Sí, a Juan le gustaba su trabajo. Pero a menudo soñaba con viajar a otros lugares interesantes.

Juan veía a una señora que cargaba sus maletas. "¡Cuántas maletas!" pensó. La señora se veía muy contenta. No parecía importarle el peso. ¿A qué sitio maravilloso iría? Lo sabría si pudiera pesar las maletas en una báscula.

Había otro pasajero que parecía importante, con su maletín y sus ropas elegantes. Seguramente iba a un sitio importante.

Un hombre y una mujer jóvenes sonreían mientras Juan les vendía los boletos.

—Es nuestra luna de miel —dijo la mujer.

—Muy bien —dijo Juan—. Que tengan un feliz viaje.

Y así pasaba el tiempo. Pero un día Juan recibió una noticia muy especial. Un hombre se le acercó desde la calle y le entregó una carta. Los ojos de Juan se agrandaron al leer la etiqueta del sobre. Era una carta de la compañía de autobuses. Le estaban regalando un viaje por su buen trabajo. ¡Podría ir a cualquier lado que quisiera!

Al día siguiente, Juan hizo las maletas. Llevó a Fito a casa de un amigo. Después llevó sus maletas a la estación de autobuses. El autobús partió con Juan a bordo. Ahora era Juan quien tenía que despedirse.

En el hotel, Juan se puso su traje de baño. En la tarde se sentó a ver el atardecer. El agua de la piscina le acariciaba los dedos de los pies. Tomaba una bebida helada. ¡Su sueño se había hecho realidad!

A Juan le gustaba todo. Probó nuevas y ricas comidas. Caminó a lo largo de la playa. ¡Había tantos sitios para conocer!

Pero una tarde le hizo falta Fito. A su perrito le hubiera gustado mucho este lugar.

Al caer la noche, Juan extrañó el sabor de su té preferido.

Al día siguiente, Juan flotaba de espaldas en la piscina. De pronto pensó en la estación de autobuses. Recordó a los niños que lo saludaban a diario. Y los extrañó.

"Bueno", pensó Juan, "las vacaciones no pueden durar para siempre, y ahora sé por qué".

Juan fue a su habitación e hizo las maletas.

Al día siguiente, el autobús lo llevó a casa. Juan estaba emocionado.

En la estación, Fito corrió para recibir a Juan.

—¡Bienvenido a casa! —gritaban los niños que fueron a saludarlo.

Juan abrió su maleta y les dio unas conchas a los niños. A Fito le regaló un bocado que había guardado del desayuno.

—¿Qué tal estuvo el viaje? —le preguntó un amigo.

—Muy bien —respondió Juan—. Es divertido conocer nuevos lugares, pero es aun más divertido regresar a casa.